云　南　省　地　方　标　准

温拌橡胶沥青混合料施工技术规范

DB 53/T 654—2014

人民交通出版社股份有限公司
China Communications Press Co.,Ltd.

图书在版编目(CIP)数据

温拌橡胶沥青混合料施工技术规范 / 云南省公路开发投资有限责任公司等编. --北京 ：人民交通出版社股份有限公司，2015.5

ISBN 978-7-114-12248-4

Ⅰ.①温… Ⅱ.①云… Ⅲ.①橡胶沥青—沥青路面—路面施工—技术规范—云南省 Ⅳ.①U416.217-65

中国版本图书馆 CIP 数据核字(2015)第 114254 号

云南省地方标准

书　　名：温拌橡胶沥青混合料施工技术规范(DB 53/T 654—2014)

著 作 者： 云南省公路开发投资有限责任公司　云南元双公路建设指挥部
云南省公路科学技术研究院　云南省交通科学研究院　深圳海川新材料科技有限公司

责任编辑： 刘永芬　李　娜

出版发行： 人民交通出版社股份有限公司

地　　址：(100011)北京市朝阳区安定门外外馆斜街 3 号

网　　址： http://www.ccpress.com.cn

销售电话：(010)59757973

总 经 销： 人民交通出版社股份有限公司发行部

经　　销： 各地新华书店

印　　刷： 北京鑫正大印刷有限公司

开　　本： 880×1230　1/16

印　　张： 1.25

字　　数： 28 千

版　　次： 2015 年 6 月　第 1 版

印　　次： 2015 年 6 月　第 1 次印刷

书　　号： ISBN 978-7-114-12248-4

定　　价： 15.00 元

目　　次

前　　言

本标准按照《标准化工作导则　第1部分：标准的结构和编写》(GB/T 1.1—2009)给出的规则起草。

本标准由云南省交通运输厅提出。

本标准由云南省交通运输标准化技术委员会（YNTC 13)归口。

本标准起草单位：云南省公路开发投资有限责任公司、云南元双公路建设指挥部、云南省公路科学技术研究院、云南省交通科学研究院、深圳海川新材料科技有限公司。

本标准主要起草人：李兴全、杨强、余显全、梅庆斌、周彬、陈勤彦、严世祥、贾敬鹏、何唯平、瞿山、杨灿辉、赵小洁、白丛启、房刚。

温拌橡胶沥青混合料施工技术规范

1 范围

本标准规定了道路用温拌橡胶沥青混合料的术语、定义、分类、要求、试验检测和施工。

本标准适用于云南省有机降黏型温拌橡胶沥青混合料的生产、检验和使用。

注: 本标准采用的基质沥青为70号A级道路石油沥青,若需采用其他标号的基质沥青,应通过相关试验研究,确定其性能指标满足路用要求后,参照本标准执行。

2 规范性引用文件

下列文件对于本文件的应用是必不可少的。凡是注日期的引用文件,仅注日期的版本适用于本文件。凡是不注日期的引用文件,其最新版本(包括所有的修改单)适用于本文件。

GB/T 617 化学试剂熔点范围测定通用方法

GB/T 2914 塑料氯乙烯均聚和共聚树脂 挥发物(包括水)的测定

GB/T 3516 橡胶溶剂抽出物的测定

GB/T 4472 化工产品密度、相对密度的测定

GB/T 4498 橡胶灰分的测定

GB/T 5330 工业用金属丝编织方孔筛网

GB/T 9104 工业硬脂酸试验方法

GB/T 14837 橡胶及橡胶制品组分含量的测定 热重分析法

GB/T 19208 硫化橡胶粉

GB/T 21864 聚苯乙烯的平均分子量和分子量分布的检测标准方法 高效体积排阻色谱法

JTG D50 公路沥青路面设计规范

JTG E20 公路工程沥青及沥青混合料试验规程

JTG E42 公路工程集料试验规程

JTG F40 公路沥青路面施工技术规范

SH/T 0751 高温和高剪切速率下黏度测定法(锥形塞黏度计法)

3 术语、定义及符号

下列术语、定义及符号适用于本文件。

3.1 术语和定义

3.1.1 橡胶粉

橡胶粉是橡胶粉末的简称,一般用废旧轮胎橡胶加工而成,并具有一定的细度。

3.1.2 目数

目数指物料的粒度或粗细度,是指筛网在1英寸线段内的孔数。

3.1.3 温拌剂

本标准所指温拌剂是一种可以完全均匀地溶解在温度高于120℃沥青中的长链脂肪烃化合物。

3.1.4 维他连接剂

维他连接剂是环辛烯聚合物橡胶反应剂(Trans-Polyoctenamer Rubber Reactive Modifier),简称TOR,是一种促使橡胶粉在热沥青中发生化学反应的活性剂。

3.1.5 温拌橡胶沥青

橡胶粉、温拌剂及其他改性剂按照一定比例掺入道路石油沥青中,在(160±10)℃环境下经高速剪切(或搅拌)加工制成的均匀的沥青结合料。

3.1.6 温拌橡胶沥青混合料

湿掺法温拌橡胶沥青混合料:将温拌橡胶沥青以一定的比例与集料在(160±10)℃环境下拌制成的沥青混合料。

干掺法温拌橡胶沥青混合料:将沥青、温拌剂、橡胶粉、维他连接剂按一定比例与集料在(160±10)℃环境下拌制成的沥青混合料。

3.1.7 温拌橡胶沥青混合料的界定温度

一般橡胶沥青混合料的拌制温度为(190±10)℃;温拌橡胶沥青混合料的拌制温度为(160±10)℃。

3.2 符号

3.2.1 WACR

WACR 指断级配温拌橡胶沥青混合料。

3.2.2 AC

AC 指密级配沥青混合料,分为粗型(C 型)和细型(F 型)。

3.2.3 OAC

OAC 指沥青混合料的最佳沥青用量。

3.2.4 *MS*

MS 指马歇尔试验稳定度。

3.2.5 *FL*

FL 指马歇尔试验的流值。

3.2.6 P_a

P_a 指沥青混合料的油石比。

3.2.7 P_b

P_b 指沥青混合料的沥青含量。

3.2.8 γ_b

γ_b 指沥青的相对密度。

3.2.9 VV

VV 指压实沥青混合料的空隙率，即矿料及沥青以外的空隙(不包括矿料自身内部的孔隙)体积占试件总体积的百分率。

3.2.10 VMA

VMA 指压实沥青混合料中的矿料间隙率，即试件全部矿料部分以外的体积占试件总体积的百分率。

3.2.11 VFA

VFA 指压实沥青混合料中的沥青饱和度，即试件矿料间隙中扣除被集料吸收的沥青以外的有效沥青结合料部分的体积在 VMA 中所占的百分率。

3.2.12 DS

DS 指沥青混合料车辙试验的动稳定度。

4 材料

4.1 一般规定

沥青路面使用的沥青、集料、矿粉等原材料的技术要求若无特殊说明，其相应指标应符合 JTG F40 的相关技术要求。试验方法参照 JTG E20 和 JTG E42。

4.2 基质沥青

基质沥青的技术指标应满足 JTG F40 的要求。

4.3 温拌剂

本规范采用有机降黏型温拌剂。温拌剂用量为沥青质量的 3%，将其直接加入到 120℃的沥青中混合均匀即可。温拌剂的技术要求见表 1。

表 1 温拌剂技术要求

指　标	技术要求	试验方法
熔点(℃)	≤100	GB/T 617
外观	固体，白色颗粒状粉末	目测
密度(25℃)(g/cm^3)	实测	GB/T 4472
黏度(135℃)(cP)	10～12	SH/T 0751
凝固点(℃)	≥90	GB/T 9104
平均分子量	≥1100	GB/T 21864

4.4 橡胶粉

4.4.1 橡胶粉技术要求

应选用工程车胎、载重车胎及天然胶含量较高的乘用车胎、小车胎的胎面橡胶制备橡胶粉，无金属丝和其他杂质。为防止橡胶粉颗粒相互黏结，可适当添加炭黑、碳酸钙类等隔离剂，用量不得大于橡胶粉质量的 4%。橡胶粉的技术指标应符合表 2 的要求。

表 2 橡胶粉技术要求

指 标	技 术 要 求	试 验 方 法
相对密度	1.1～1.3	本标准 4.4.2
细度(目)	40～80	GB/T 5330
水分(%)	<1	GB/T 19208
金属含量(%)	<0.01	GB/T 19208
纤维含量(%)	<1	GB/T 19208
丙酮提取物(%)	≤22	GB/T 3516
灰分含量(%)	≤8	GB/T 4498
炭黑含量(%)	≥28	GB/T 14837
橡胶烃含量(%)	≥42	GB/T 14837

4.4.2 橡胶粉密度的测定

采用硫化胶密度的测定方法中的 B 法。由于橡胶粉粒子表面有许多空隙，测定时必须消除空隙对密度测定的影响。测试方法是称取胶粉试样不少于 2.5g，按下列步骤进行测定：

a) 用天平称取密度瓶(包括瓶塞，下同)的质量 m_1，精确到 0.001g。

b) 称量密度瓶和试样的质量 m_2，精确到 0.001g。

c) 把试样装入密度瓶内，注满蒸馏水，盖上瓶塞，称量其质量 m_3，精确到 0.001g；将瓶子完全倒空，重新注满蒸馏水，称量其质量 m_4，精确到 0.001g(蒸馏水的水温均应控制在 15～25℃范围内，称量 m_3、m_4 的两个试验过程中水温相差不得超过 2℃)。

在进行操作时，应使瓶外干燥，瓶内及毛细管内不能有气泡，以减少误差。消除瓶内气泡可用如下方法：

① 将瓶子及内含物加热到约 50℃，以消除气泡，但必须在称量前将瓶子及内含物冷却到试验室温度。

② 将瓶子放入真空干燥器内，使其形成真空并排气数次，直到瓶内空气抽完为止。

d) 试样的密度按下式计算：

$$\rho = \frac{m_2 - m_1}{m_4 - m_3 + m_2 - m_1} \times \rho_T \tag{1}$$

式中：ρ ——试样的密度，g/cm^3；

m_1——密度瓶的质量，g；

m_2——密度瓶与试样的质量，g；

m_3——密度瓶与试样和水的质量，g；

m_4——注满水的密度瓶的质量,g;

ρ_T——试验温度 T 时水的密度,g/cm^3,按照 JTG E42—2005 中附录 B 表 B-1 选取。

e) 同一试样应平行试验两次,当两次试验结果的差值符合重复性试验的允许误差要求时,以平均值作为胶粉密度的试验结果,并准确至小数点后 3 位,试验报告应注明试验温度。

f) 允许误差。

重复性试验的允许误差为 0.01g/cm^3,再现性试验的允许误差为 0.02g/cm^3。

4.5 温拌橡胶沥青

温拌橡胶沥青的技术指标应符合表 3 的要求。

表 3 温拌橡胶沥青技术要求

指 标	技术要求	试验方法
180℃旋转黏度(Pa・s)	≤1.0	T 0625
软化点(环球法)(℃)	≥65	T 0606
针入度(25℃,100g,5s)(0.1mm)	25～70	T 0604
25℃弹性恢复(%)	>55	T 0662
5℃延度(cm)	>8	T 0605

注:未添加温拌剂时的橡胶沥青 180℃旋转黏度范围为 2～4Pa・s。

4.6 集料

4.6.1 粗集料质量应符合 JTG F40 的要求。

4.6.2 细集料质量应符合 JTG F40 的要求。

4.6.3 填料质量应符合 JTG F40 的要求。

4.7 维他连接剂(TOR)

采用干掺法生产温拌橡胶沥青混合料时,需掺配维他连接剂(TOR),掺量为橡胶粉质量的 4.5%,其技术指标应符合表 4 的要求。

表 4 维他连接剂(TOR)技术要求

指 标	技术要求	试验方法
熔点(℃)	54±4	GB/T 617
挥发物(1h,105℃)(%)	≤0.5	GB/T 2914
灰分(%)	≤0.1	GB/T 4498

5 配合比设计

5.1 温拌橡胶沥青混合料矿料级配要求

当温拌橡胶沥青混合料级配采用间断级配时,其级配应符合表 5 的要求;当采用连续级配时,应符合 JTG F40—2004 中表 5.3.2-2 的要求。

表 5 温拌橡胶沥青混合料矿料级配范围

级配类型		通过下列筛孔(mm)的质量百分率(%)										
		19	16	13.2	9.5	4.75	2.36	1.18	0.6	0.3	0.15	0.075
间断型	WACR-16	100	90～100	78～92	55～75	28～42	15～25	—	8～15	—	—	3～8
	WACR-13	—	100	90～100	60～80	28～42	15～25	—	8～15	—	—	3～8

5.2 温拌橡胶沥青的制备

5.2.1 采用湿掺法进行温拌橡胶沥青混合料的生产时，须进行温拌橡胶沥青的制备。

5.2.2 温拌橡胶沥青是由橡胶粉、温拌剂与基质沥青在(160±10)℃下反应而成，该设备通常由橡胶沥青反应罐、搅拌系统(胶体磨或高速搅拌器)、加热恒温系统、泵送系统、控制系统组成。

5.2.3 室内制备橡胶沥青样品时可采用高速剪切机(或搅拌机)制备。

5.2.4 当橡胶粉与沥青混合后，其反应时间不宜少于45min。

5.2.5 温拌橡胶沥青中橡胶粉掺量应通过试验确定，一般为沥青质量的(20±2)%。

5.2.6 温拌橡胶沥青宜当天生产、当天使用。如因其他原因未能使用，可降至140～150℃后存放，存放时须不停地搅拌，防止沉降离析，并且存放时间不宜超过3天；使用前必须对其技术指标按本规范表3的要求重新进行试验检测，符合要求后方可使用。

5.3 温拌橡胶沥青混合料配合比设计

5.3.1 温拌橡胶沥青混合料技术要求

湿掺法和干掺法温拌橡胶沥青混合料的配合比设计均采用马歇尔配合比设计方法，马歇尔试验技术指标应符合本规范表6的要求。当采用其他配合比设计方法时，应进行马歇尔试验及各项指标检验，并注明不同设计方法的试验结果。混合料成型温度宜控制在(145±5)℃。

表 6 温拌橡胶沥青混合料马歇尔试验技术标准

指标		技术要求	试验方法
击实次数(双面)(次)		75	T 0702
试件尺寸(mm)		φ101.6mm×63.5mm	T 0702
空隙率 VV(%)		3～6	T 0705
矿料间隙率 VMA(%)	公称最大粒径 9.5mm	≥16	计算法
	公称最大粒径 13.2mm	≥15	
	公称最大粒径 16mm	≥14.5	
	公称最大粒径 19mm	≥14	
稳定度 MS(kN)		≥8	T 0709
流值 FL(mm)		2～4	T 0709

5.3.2 温拌橡胶沥青混合料的配合比设计应在调查以往同类材料配合比设计经验和使用效果的基础上，按以下步骤进行：

a) 目标配合比设计阶段。用工程实际使用的材料优选矿料级配、确定最佳沥青用量，符合配合比设计技术标准和配合比设计检验要求，以此作为目标配合比，供拌和机确定各冷料仓的供料比例、进料速度及试拌使用。

b) 生产配合比设计阶段。对间歇式拌和机,应按规定方法取样测试各热料仓的材料级配,确定各热料仓的配合比,供拌和机控制室使用,同时选择适宜的筛孔尺寸和安装角度,尽量使各热料仓的供料大体平衡。选取目标配合比设计的最佳沥青用量 OAC、OAC±0.3%这 3 个沥青用量进行拌和机试拌及取样的马歇尔试验,通过室内试验及从拌和机取样试验,综合确定生产配合比的最佳沥青用量,由此确定的最佳沥青用量与目标配合比设计的结果差值不宜大于±0.2%。

c) 生产配合比验证阶段。拌和机按生产配合比结果进行试拌、铺筑试验段,并取样进行马歇尔试验,同时,从试验路上钻芯取样检测空隙率的大小,由此确定生产用的标准配合比,确定施工级配的允许波动范围。经设计确定的标准配合比在施工过程中不得随意变更。

5.3.3 干掺法温拌橡胶沥青混合料的路用性能必须符合本规范表 7 的技术要求;湿掺法温拌橡胶沥青混合料,除温拌橡胶沥青须满足本规范表 3 的技术要求外,还必须满足本规范表 7 的路用性能技术要求。不符合要求的温拌橡胶沥青混合料,必须更换材料或重新进行配合比设计。

表 7 温拌橡胶沥青混合料路用性能技术要求

指　标	技术要求	试验方法
车辙试验动稳定度(次/mm)	≥3000	T 0719
浸水马歇尔试验残留稳定度(%)	≥85	T 0709
冻融劈裂试验的残留强度比(%)	≥80	T 0729
低温弯曲试验破坏应变(με)	≥2500	T 0728
渗水系数(mL/min)	≤100	T 0730

5.4 注意事项

5.4.1 温拌橡胶沥青混合料试件最大理论相对密度的确定按照 JTG F40 中的方法计算,计算过程中应考虑橡胶粉密度及橡胶粉吸收沥青的影响,橡胶粉吸收沥青后的密度测定方法采用浸渍法,见本规范 5.4.2 条款。

5.4.2 橡胶粉的相对密度采用沥青浸渍法测定,具体实验步骤如下:

a) 取一金属浅盘做容器,称取 100g 左右脱水后的热沥青注入干燥的浅盘容器中,待沥青冷却至室温后,称取浅盘容器和沥青的水中质量 m_1,精确至 0.001g。

b) 将橡胶粉在 100~105℃烘箱中烘干,称取 20g 左右烘干后的橡胶粉 m_2,精确至 0.001g。将橡胶粉缓慢加入热沥青中,并不断地搅拌直至无气泡为止[在整个搅拌过程中,沥青温度保持在(160±10)℃]。

c) 待沥青和橡胶粉的混合物冷却至室温后,称取沥青、橡胶粉及浅盘容器的水中质量 m_3。

d) 橡胶粉对水的相对密度按下式计算:

$$\rho' = \frac{m_2}{m_1 + m_2 - m_3} \tag{2}$$

式中:ρ'——橡胶粉对水的相对密度;

m_1——浅盘容器和沥青的水中质量,g;

m_2——橡胶粉质量,g;

m_3——浅盘容器和沥青与橡胶粉混合物在水中的质量,g。

e) 同一试样应平行试验两次,当两次试验结果的差值符合重复性试验的允许误差要求时,以平均值作为胶粉密度的试验结果,并准确至小数点后 3 位,试验报告应注明试验温度。

f) 允许误差。重复性试验的允许误差为0.01g/cm³,再现性试验的允许误差为0.02g/cm³。

6 施工

6.1 施工准备

6.1.1 施工前应对施工机具和设备进行全面检查、调试,确保机械设备运转正常。特别是拌和机、摊铺机的计量设备和控制系统,如电子秤、自动找平装置等,必须进行计量标定和调校。

6.1.2 铺筑温拌橡胶沥青混合料前应检查下卧层的质量,不符合要求时不得铺筑。当下卧层已被污染、破损时,必须清扫或清洗等处理合格后方可铺筑。

6.2 铺筑试验路段

正式施工前,必须铺筑试验路段,试验路段的长度应不小于200m。

6.3 混合料的拌制

6.3.1 湿掺法温拌橡胶沥青混合料拌制

湿掺法温拌橡胶沥青混合料的拌制,是将橡胶粉和温拌剂掺配到基质沥青中,制备成温拌橡胶沥青,再用于混合料的生产。要求如下:

a) 温度控制

温拌橡胶沥青混合料生产中,应严格控制温拌橡胶沥青和集料的加热温度以及混合料的出厂温度。温拌橡胶沥青温度控制在155~165℃,集料温度控制在165~175℃,出厂温度控制在150~160℃。当混合料温度高于200℃时,混合料应废弃。

b) 拌和时间

拌和时间根据具体情况经试拌确定,以沥青均匀裹覆集料为度。干拌时间为10~15s,混合料拌和时间不宜小于45s。

c) 拌和楼的控制

应逐盘打印沥青及各种矿料的用量及拌和温度。混合料应均匀一致、无花白料、无结团块或严重的粗细料分离现象,如有花白料、冒青烟或离析等情况时,应作废料处理,并查找原因,及时予以纠正。

d) 注意事项

间歇式拌和机宜备有保温性能好的成品储料仓,储存过程中混合料温降不得大于5℃,且不能有沥青滴漏。橡胶沥青混合料宜随拌随用,储存时间不宜超过10h。

6.3.2 干掺法温拌橡胶沥青混合料的拌制

干掺法温拌橡胶沥青混合料的拌制,是在沥青混合料拌和过程将橡胶粉、温拌剂和维他连接剂直接加入到集料中生产沥青混合料的生产方式。要求如下:

a) 橡胶粉、温拌剂和维他连接剂的添加方式

在拌和机的拌锅开始加入集料的同时,将外掺剂(橡胶粉、温拌剂和维他连接剂)掺配到拌锅中,经10~15s的干拌后,再添加沥青,拌和均匀。外掺剂的掺配应采用自动称量添加设备,按时、精确掺配。若采用人工投放方式掺配外掺剂,应根据拌和机每盘料的质量,按照外掺剂的添加比例,事先将外掺剂分装成袋,人工及时投放,防止漏投或多投。

b) 温度控制

温拌橡胶沥青混合料生产中,应严格控制沥青和集料的加热温度以及沥青混合料的出厂温度。沥青温度控制在155~165℃,集料温度控制在165~175℃,出厂温度控制在150~160℃。当混合料温度

高于 200℃时，混合料应废弃。

c) 拌和时间

橡胶粉的密度小、体积大、吸热能力强。橡胶粉必须在混合料中充分分散、拌和均匀，干拌时间为 10～15s，每盘拌和时间不宜小于 50s。

d) 注意事项

温拌橡胶沥青混合料拌制完成后，从卸入运输车辆开始，到开始摊铺的时间间隔不得少于 0.5h，以确保温拌橡胶沥青混合料的稳定性。

6.4 运输

温拌橡胶沥青混合料的运输应符合 JTG F40—2004 中 5.5 节的要求。

6.5 摊铺

温拌橡胶沥青混合料的摊铺应符合 JTG F40—2004 中 5.6 节的要求。

6.6 碾压及成型

温拌橡胶沥青混合料的碾压及成型应符合 JTG F40—2004 中 5.7 节的要求，为防止混合料粘轮，可在钢轮表面涂刷隔离剂或防粘剂，禁止掺加柴油、机油等，并防止过量洒水引起混合料温度的骤降。压路机碾压速度要求见表 8。

表 8 压路机碾压速度(km/h)

压路机类型	初压		复压		终压	
	适宜	最大	适宜	最大	适宜	最大
轮胎压路机	1.5～2	3	3～5	6	4～5	6
振动压路机	1.5～2 (静压)	3 (静压)	3～4.5 (振动)	5 (振动)	3～5 (静压)	6 (静压)

6.7 接缝

沥青路面的接缝处理应符合 JTG F40—2004 中 5.8 节的要求。

6.7.1 横向接缝的处理

横向接缝是指沥青路面施工过程中，上次摊铺结束与下次摊铺开始的冷结合缝。上下两层的横向接缝至少应错开 2m 以上。横向接缝处理要求如下：

a) 施工前用 3m 直尺沿路面纵向在横向接缝处测量，保证 3m 直尺间隙在 2mm 以下。
b) 宜在混合料冷却但尚未结硬时用切缝机沿确定的位置，垂直切割路面端部厚度不足的部分，使切割工作缝成直角连接。切割和刨除时不得损伤下层路面。切割时留下的泥水必须冲洗干净，待干燥后涂刷黏层油。
c) 摊铺新的沥青路面前，用汽油喷灯对切割出的横缝立面进行加热。加温时喷灯应移动进行，以免温度太高使横缝立面处的沥青老化，加温至沥青软化，然后涂刷黏层油。

6.7.2 纵向接缝的处理

两台或多台摊铺机联合作业，采用纵向热接缝施工时，应注意以下事项：

a) 多台摊铺机前后成梯形平行作业，相邻两台摊铺机前后相距宜不超过15m，保证混合料的摊铺温度基本一致。

b) 每台摊铺机的熨平板宽度，根据摊铺总宽度适当调整，熨平板宽度差异不宜太大，两幅之间应有一定重叠量，宜将热接缝设在路面画标线位置。

c) 路面宽度发生变化，需要改变单幅路面摊铺宽度时，摊铺机组合中至少应有一台液压伸缩熨平板摊铺机；液压伸缩熨平板的摊铺宽度宜小于8m，以确保路面平整度和压实度。

d) 螺旋送料器的料位控制适当，不应过高或过低，应既能保证摊铺用料，又不会在热接缝处形成堆料，以免影响接缝处的压实度、平整度。

6.8 开放交通及其他

温拌橡胶沥青路面开放交通及其他注意事项，应符合JTG F40—2004中5.9节的要求。

7 施工质量控制

7.1 施工前的材料检查

7.1.1 各种材料都必须在施工前以"批"为单位进行检查，不符合JTG F40要求和本规范表1～表4要求的材料不得进场。对各种矿料是以同一料源、同一次购入并运至生产现场的相同规格材料为"一批"；对基质沥青是指从同一来源、同一次购入且储入同一沥青罐的同一规格的沥青为"一批"；对橡胶粉、温拌剂和维他连接剂是指从同一来源、同一次购入的同一规格的相同材料为"一批"。材料试样的取样数量与频度按现行试验规程的规定进行。

7.1.2 正式开工前，必须提供各种原材料的试验报告、温拌橡胶沥青混合料的配合比报告，并取得正式认可后，方可使用。

7.2 施工过程中的质量控制

7.2.1 温拌橡胶沥青混合料生产过程中，应按JTG F40—2004中表11.4.3和本规范表9规定的检验项目和频度，对各种原材料进行抽样试验，其质量应符合规定的技术要求。

表9 施工过程中外掺剂材料质量检查的项目与要求

材料	检查项目	检查频率		要求
		高速公路、一级公路	其他等级公路	
温拌剂	外观	随时	随时	见表1
	黏度	必要时	必要时	
	熔点	必要时	必要时	
	密度	必要时	必要时	
橡胶粉	相对密度	必要时	必要时	见表2
	水分	随时	随时	
	金属含量	必要时	必要时	
	纤维含量	必要时	必要时	
	丙酮提取物	必要时	必要时	
	灰分含量	必要时	必要时	

表 9(续)

材　　料	检 查 项 目	检 查 频 率		要　　求
		高速公路、一级公路	其他等级公路	
橡胶粉	炭黑含量	必要时	必要时	见表 2
	橡胶烃含量	必要时	必要时	
维他连接剂	熔点(℃)	必要时	必要时	见表 4
	挥发物(1h,105℃)(%)	必要时	必要时	
	灰分(%)	必要时	必要时	
温拌橡胶沥青	旋转黏度(180℃)	每批	每批	见表 3
	软化点(环球法)	每批	每批	
	针入度(25℃,100g,5s)	每批	每批	
	弹性恢复(25℃)	每批	每批	
	延度(5℃)	每批	每批	

7.2.2　沥青拌和厂必须对沥青混合料生产过程进行质量控制,并按 JTG F40—2005 中表 11.4.4 和本规范表 10 规定的项目和频度,检查沥青混合料产品的质量,如实计算产品的合格率。单点检验评价方法应符合相关试验规程的试样平行试验的要求。

表 10　温拌橡胶沥青混合料施工过程中工程质量的控制标准

项　　目		检 查 频 度	质量要求或允许差	试 验 方 法
沥青混合料出厂温度(℃)		每车料一次	150～160	温度计测定
运输到现场温度(℃)			≥150	
初压温度(℃)			135～150	
碾压终了温度(℃)			≥85	
矿料级配,与生产设计标准级配的差(%)	0.075mm	逐盘在线检测	±2	计算机采集数据计算
	≤2.36mm		±5	
	≥4.75mm		±6	
	0.075mm	逐盘检查,每天汇总 1 次,取平均值评定	±1	计算机采集数据计算
	≤2.36mm		±2	
	≥4.75mm		±2	
	0.075mm	每台拌和机每天上、下午各 1 次	±2	拌和厂取样,用抽提后的矿料筛分
	≤2.36mm		±4	
	≥4.75mm		±5	
沥青含量(油石比),与生产设计的差(%)		逐盘在线检测	±0.3	计算机采集数据计算
		逐盘检查,每天汇总 1 次,取平均值评定	±0.1	计算机采集数据计算
		每台拌和机每天上、下午各 1 次	±0.3	拌和厂取样抽提

表 10(续)

项　目	检查频度	质量要求或允许差	试验方法
马歇尔试验： 稳定度(kN)	每台拌和机每天上、下午各1次	≥8	拌和厂取样，室内成型试验
流值(mm)		2～4	
空隙率(%)		生产配合比±1	
浸水马歇尔试验	必要时(试件数同马歇尔试验)	≥85	T 0709
车辙试验	必要时(以3个试件的平均值评定)	≥3000	T 0719
压实度(%)	每层1组/200m/车道	≥97(马歇尔密度)	现场钻孔试验(可用核子密度仪随时检查)
		≥93(最大理论密度)	
厚度，不超过(mm)	1次/200m/车道	−4	钻孔检查并铺筑时随时插入量取，每日用混合料数量校核
平整度(mm)	每车道连续检测	1.0	用连续式平整度仪检测
宽度(mm)	2处/100m	≥设计宽度	用尺量
	3处/100m	±10	用水准仪或全站仪
横坡度	3处/100m	±0.3%	用水准仪检测
	4点/200m	20mm	用经纬仪检测
渗水系数(mL/min)	每层1组/200m/车道	≤100	改进型渗水仪

7.3　质量检测与验收

工程完工后，应将全线以1～3km作为一个评价路段进行质量检查和验收，检查项目、频率、要求及方法按照JTJ F40—2004中表11.5.1-1执行。

DB53/T 654—2014